AF201396

Pascal Debra

Aesculus
Ein Gedichtzyklus in 5 Bildern
2000-2002

Pascal Debra

Aesculus
Ein Gedichtzyklus in 5 Bildern
2000-2002

Bibliografische Information der Deutschen Nationalbibliothek: Die Deutsche Nationalbibliothek verzeichnet diese Publikation in der Deutschen Nationalbibliografie; detaillierte bibliografische Daten sind im Internet über dnb.dnb.de abrufbar.

Titel der Originalausgabe:
Aesculus, Ein Gedichtzyklus in 5 Bildern 2000-2002
© 2017 Pascal Debra 1. Einzelauflage
Einbandgestaltung: Pascal Debra ©
Frontcover: Bild „Silhouette of trees and stars in sky"
Unsplash © Canva
Alle Rechte vorbehalten
ISBN: 9783746061467

Herstellung und Verlag: BoD - Books on Demand, Norderstedt, 2017

Erstes Bild:

Dort aber schwanken noch die Laternen
und bringen nur im Vorbeigehen
ein wenig Licht
ins Vorüberziehen des Auges,
denn dort wo die Blicke sie nicht ertasten,
bleibt
Dunkelheit auf den Stufen.
Hinten aber sitzt jemand und hört
andächtig in die Nacht hinein
so, als wüßte er, wem er sich preisgebe,
ohne außen vom Licht berührt zu werden,
denn innen, innen wohnt der Gott des
Seins.
Vielleicht aber weilt innerhalb
ein Zusehen, das wie ein Strom sich
niederläßt in den Saiten
der Gestirne.
Dort aber steht immer noch der
ungedeckte Tisch.
Dort welkten nie die aufhellenden Zeichen
der Natur.

Vielleicht gehen sie irgendwann,
voraussschauend,
rechtzeitig blickend, die Alleen entlang.

So versuchen sie sich zu bewegen
im Ordnungsruf,
jenseits sinnlicher Gebote,
jenseits der verzehrenden Feuer

Hinter den Zivilisationen gehen
die Menschen in ein Erbe,
lebensvoll und leitsternhaft,
das schützend sie umwirbt,
wie eine fortwährend
flüsternde Stimme,
träumerisch begegnen sich
Hände in der Anwesenheit
des Schweigens
Das Erbe gestaltet sich um,
wird Sein in verjüngender
Wiedererweckung,
Es umhüllt die Freistellung
der Zustimmung,
so belohnt sich selbst der Mann in der
Ecke des Zimmers.

In Abständen fließen neue Gebärden
durch das Zimmer.
Gesten legen sich nieder,
lösen einander ab
in schweigender Folgsamkeit
des eigenen Geistes:

So erfreut sich das Ingenium
des Lebens im Sein der nichtigen Tage
So bringen sich die Gaben zur Welt,
sagen sich zu im
gegenseitigen Einverständnis,

Sorgsam redet die Stimme einer Mutter,
Denn das Gebell des Windes läßt
sie aufhorchen,
Tausend Angesichter schauen
übereinstimmend
in die große Welt des Werdens

Womöglich geht auch hier einmal
ein Mensch vorbei und
erschaut am Rande die Chrysanteme
der Verlockung
Sie zu pflücken,
dies ist Übereinkunft mit
den gewesenen Angleichungen
Warum aber vergleichen sich
zwei benachbarte Hände?
Warum liegt die Geburt des
Endlichen im Fass der Danaiden?
Ein kleiner Junge blickt
in die Vergänglichkeit
und vielleicht ist
es seine Mutter die ihn zum Essen ruft...

Der Wind als Gelüst der Erde.

So treibt die Sehnsucht
ihr Spiel im seienden Saal der Tage,
der Tanz ist eröffnet,
es reflektieren sich die Worte
der Jahrhunderte
Amourös klagt ein Mädchen
und verzichtet auf das All-dasein,
im nichtssagenden Verlust,
denn draußen liegt die
Vervielfältigung des Lebens,
an den Himmeln spiegelt sich
Übereinkunft.

Gefühlsmäßiges Wandern,
an den Irrtümern und Fehlern entlang,
gefesselt an den Augenblicken
der Aufmerksamkeit:
Dies sind die Günstlinge der Natur.
Durch die Endlosigkeit aber spielt
die alte Melodie,
grenzenloses Zuhören im Takt
der zeitlosen Bedingungslosigkeit
dann: ein mitmenschliches
Umformen von Selbst.
Dort aber entscheidet sich
das Wandelbare...

Und dringt tiefer in die Bewußtheit...

Am Abend zeigt Aurora
ihr ganze Vielfalt,
im Wechsel der Worte
fließen Wirklichkeitssinn und
tiefe Ruhe ineinander
-wesentlich bleiben sie am
Kreuzwege der Ereignisse
Nur hin und wieder mal bleiben
zwei Fremde stehen
begrüßen sich und gehen zusammen
die staubige Straße entlang,
-sie sind wie eingeübt,
doch kennen sich nicht...
Das ist die unbetretbare Ankunft
frohmütiger Berührung,
das ist die lautlose Lichtung
neuerer Zeiten

Später dringen die ruhenden
Stunden in die Nacht,
hängen an den stufenartigen
Lichtern bewohnter Zimmerfenster,
obwohl ein Hinterhoflicht
sie zart bekleidet in erster Helle...
In den Zimmern aber ruht der Geist
des Natürlichen

Warme Blicke zieren die
Wände der Nacht,
Ruhe stillt sie im Stundentakt
des Schauenden
Ob sie dies erklären können,
den taggeweihten Seelen,
oder bleiben sie stumm im
Einverständnis des Gewesenen?

Im Hintergrund ist immer alles stiller...

Der Mond aber thront über dir,
in unverfälschtem Licht
der ruhenden Nacht
Doch wäre er,
so würde er der Wolken
Schattenspiel nur sein...

Doch dies ist geduldiges Warten,
dies ist der bewegungslose Ruf
nach bedächtigem Klang,
und Berufung kanns sein,
dies ist womöglich die unhörbare,
leise Heimreise
der Alten Wanderer.

So tritt Gleichmaß an dieselben
fühlenden Hände heran,

wie einst die bebenden
Lippen der Bitte...
Fordere....du nachthafte Bewegung in mir!
Ertragreiches Maß an Dasein!
Dies solle die Berührung sein,
einer Gestalt Gebilde
Im Fiebertraume
vollmondhafter Stille....

Auf dich, du Zeit,
baue ich mein Haus
für die Vergangenheit

Durch Hören aber wird
Anfang geschaffen,
wie einst, als du feinfädig
Sinnbild deiner selbst warst.
Deine Hand aber ruhte
Wie ein Anwesender
Im Raume von tausend
Blickpunkten
Einen aber zog es ins Nichtsein!

Wärens tausend Tage später,
denn Tag-sein ist Zeit,
und dann war *alles*
Und es gibt auch Tage
Die wie wirklich sind,

und einstudiert
wie eingelebtes Flüstern

Welt,
nicht eines Zaubers Stimme,
doch im Betrachten,
dunkel erscheinend
in nächtlichem Verhalten...
Tragik vieler Welten in seiender
Bewegung...
Doch da sind Gassen
Im dörfischen Leben
Und Warten hinter den Türen,
die wie Lichter sich schließen
im Stummsein...
wie aber sind Fragen,
im stummen Geschehen
bleibender Räume:
denn Räume sind Fragen...
Und Bilder?
Sind die denn Antwort?

Zweites Bild:

Dies aber war die
Doppelbedeutung der Nacht,
schnell verzagten die Körper
im einstigen Wahn.
Durchaus gab es Fürsprecher,
doch dann,
unmerklich, glich alles der Leere,
und Könige und Stimmen mussten
schweigen,
im Angesicht der vielschichtigen
Doppdeutigkeit,
und drangen in die gespielten Szenen der
Schrift.
Und wußte jemand
vom Steinespielen
der Kleinen in den Gassen?
Kam jemand, wie von Masken getragen
An ihnen vorbei?
Und: Vorbeiziehn war alles!
Das war die innerste Gebärde
der wartenden Szene des Seins!
Vielleicht gelang es einigen
innezuhalten, zu wachsen,
zu horchen, im wachsenden
Horchen zu wissen:
Nichts kann werden!

Und die Abendsonne
trug die samtenen Gesichter
Des Herzens...
Liebend füllen sie die Gedanken
reinen Austauschs
Aus ihnen geboren fallen
die Ewigkeiten
In den Tag!

Aber damals gingen sie uns brachten
Wie ein Flechtwerk beiläufige Reiche,
doch damals spielten sie im
tiefen Raume-
Hände des Tuns – und taten...
Dies aber war Neugier, und betäubt
fielen die Augen und wie Hände
Und Finger vom Gewünschten glitten...
war dies Abschluß, wer wollte es dienen,
wenn keiner sich kannte
im Vorüberziehn?
Denn nichts brachte es in sich zurück
...das Tun!
Da standen Orte im Felde der Zeit,
und Sonnenteile wie Monde,
wie anzügliche Kerzen,
und brannten den Wachs
ihrer Bahnen
in die Dialektik der Welt!

-Denn dies war Sprache
—war wieFingerabdrücke
Ort und Ort....
Nichts gelang im Felde des Fallens,
denn einzig Fallen war Gelingen!

Dies war ein Aussäen von Wünschen...
Danach gab es Sonderkulturen
An Vergeistigung und strebten
Nach sonderbarem Gefüge,
denn Anderssein war wie ein eigenes
Hinneigen
-Niemals greifts in mich hinein!

Und dann warens Umarmungen
Die wie Elemente verschmolzen,
da war nichts als Traum,
und Träumenden gelang es
wie Tätigen: Die Nacht im Felde
der Welt...
Ich sank wie ein Tun in ein
Abbruchloses Gespräch,
und alles war Sprache.
Teilnahme war alles im Schweigen.
Dieses war Innen!
Draussen gelangen rastlose Dasitzende
In ein freudiges Miteinander –
Brachten Ungeheueres an sich vorbei:

Ohne Störung nickten sie und dachten
nicht
An Nacht und Welt!
Ihnen war´s wie ein Anfang, wie
Eine Tür ins unkundige Dasein...
Vielleicht war es ein Vater, oder ein Kind,
denn draussen gingen alle im
ungenügenden Werden –Laudatio
tiefer Konturen...

Alles bist du gewesen, nur eins nicht:
Dasein!

Nach tausend Tagen der Geburt,
unzählig mußten dann die Deinen sein,
denn alles kam und trug den Namen
der sich wie ein Tragen Gassen bahnte,
denn dort unten in den Dörfern, gab
es Hingegangene, die spät noch
durch die Nächte liefen,
und so liefen sie und tauchten
Wie ein Name in die
eigene Vergangenheit...
Doch als alle sich im Dorfe sammelten
Als alle Blicke ausgetauscht
und alle Gebärden
Verwischt wie an den nebligsten Tagen,
da wurden alle stumm

und gingen wie in
Vaterstagen, ganz allein in sich zurück...

Denn dort standen sie und gingen,
und du, wie alle brachstest ihnen Wein,
und Brot, und Namen
unbekannter Gesänge,
und alleine hast du sie gesungen,
so als fändest du ein
neues Tal...
Viele Kinderaugen scharten
sich wenns Zeit war
Um die weichen Hände,
 die die deinen waren,
und zeichnetest Geburten deiner selbst.
Denn dies war wie Tiersein,
ohne Gang und
Ohne Werden,
und so gelingt dir Maße
und Notwendigkeit...

So liebe durch die Worte der Stille.

Vielleicht gab es Straßen
in denen du frei warst,
wo Brüder deines Alters Herrn warn
und froh warn
wenn nichts kam im Dasein der Welt,

denn dort webten sie noch
unzulänglich und vergeben
wie verschwendet an den
Worten des Abends
Und längst war jenes Werk
in sich ein Tragen,
denn es trugen sich die Hände
die im Kerzenlicht
sich hielten und drangen dann,
wie Unbekannte,
in ein urbekanntes Land...
Es wußten viele: Länder
gingen wie Worte,
und Taten wie Flammende Zungen.
Und Kinder schriebens an die Wände,
und du gingst mit ihnen und wußtest:
Du warst nur Zunge und Wort...
Warst niemals Land und Tat

Vielleicht gingen hinter den Platanen
auch Mönche die verdeckt ihre Gebete
trugen, wie Kreuze die Gänge und Bilder
der Nacht, und sogar Lichter,
wie Ketten aneinander und
alte Stirnen die räumlich sich trafen,
und einander vergaßen, wenn die Uhren
still wurden und niemand mehr
im Ganzen trug...

Dann trug niemand mehr,
und niemand blickte
Noch in den alten Schächten der Welt
in die Gebete der eisernen Tore
und des dunkelblauen Kruges
Im Zimmer der Bilder...
denn Bilder warens
Die ungelebten Söhne
mönchhafter Münder...
Nur Münder webten noch
die Schritte in den Gängen
und wenn er betete so wuchsen die
Schritte und wuchsen in sich,
wuchsen dunkel in sich hinein!
Blieben dort die Hände?
Konnten dort die Abende sein?
Ruhend schauten die Räume
einander wie Brüder,
und suchten in jedem Bruder
die Väter der Bilder...
und suchten Zeit und fanden Gebete...
denn nachts gingen sie nicht, die Mönche,
und später war alles vergessen, denn dies
war vergangen der damalige Tag,
die Krüge, die Ringe und Schritte,
und keiner der Räume trug
mehr Gebärden und Gewänder...

Vielleicht gelang es Euch, den Vielen,
die im Bestehen der alten Tage blieben,
und wiederkamen und sich wandelten,
denn dort wo einst die Wüstenhände,
von Wüstenaugen den Augenblick
bestanden,
gelang auch Ihnen das Vergessen
und das Nichtsein...
Denn solchen geben sie die Schritte
Zum Gehen, solche sind wunderbar
berührt...

Alles ist im Sichbeziehen und dämmert
In die Neige allumschließender Namen
Dieses und jenes benennt, erkennt die
Zimmer junger Tage.
Dort in den Spiegeln finden sich
die Welten
Die du verborgen wähntest.
Die du schweigsam in deinen Gefühlen
Niederlegtest und eingeschlossen hast
In den eigenen verborgenen Räumen
Deines Wesens...

An stillen Abenden aber locktest du sanft
sie aus dem Schlafe und küsstest
Ihre Lippen des Wissens, und so blieben
sie, wartend auf Lichtung und Weg...

Drinnen in den Zimmern flackerten
die Kerzen,
die noch brannten vom abendlichen
Dasein.
Dort flüstern sie heute noch
von zarten Blicken anderer,
von Berührungen der Nacht,
von Gelächter alter Tage...
Dies sind die Zeichen jener Räume,
in denen andere in sich
still versunken singen..
Denn sie sind Gesang,
sind Zeichen und Raum.
Sind bald Kerze,
bald beobachtende Namen,
die in sich gekehrt
auf deine Wiederkunft warten.

Zuviel an Überfülle, überquellend, stark
und überhöht an venushaften,
stimmigen Pfaden!
Zuviel an nächtlichem Sternenlicht,
an dessen wundersamer Steigung im In-
nersten,
vier Monde drängen,
dem Gehörnten unterjocht...
Im bildenden, nahrhaften Wege

des Auftürmenden
der im seltsamen Gleichklang
seinen Mond in klarer Wasserfläche
einer Jungfrau Bild ist...
Mochtest Du im süßen Liebreiz tausend
Fragen Schatten sein, denn siehe:
Flüstern nur ist Pforte
einer nicht gesagten,
nicht versprochnen Tat...

Ist in Dir wie ein Bild,
ein alter Baumeister
Zuhause, und dort bei Nacht in Dir
Sich seine Blütenträume bestimmt?
Losgelöst und doch:
Willig schlafend, das Antlitz
Vom morgendlichen Willen erhellt?

Du Gebende, die dunkle Bleibende,
beobachtend, bereit, die einst des
Philosophen Trunk war, des Gelehrten
leeres Becken, ein Ehrenmal und Zeichen!
Zeichen! Ewig Zeichen!
Doch dann: Verborgen galts zu sein!
Verborgener Ausdruck nah erloschen;
suchend statt ausgleichend
im ersten Erfühlen...
Vielleicht auch nur Eines:

Silberne Schönheit
angenehmer Abende...somit:
Welt und Träne der Nacht?

Drittes Bild:

Und nun aber höre:
Stets ist das Anderssein
dem Anderen fremd
denn nichts vermählt sich
einfacher als
zusammengesetztes Stückwerk,
von denen aber sind nur
einzelne jeweils lebend
Und achte darauf, dass
zwei Liebende
einander näher sind,
zum Dritten gereichts,
denn wo diese Geheimnisse liegen,
sind die Welten
offener Wege…
Liegt denn in ihnen Bedeutung?
Oder schliessen die Lider des Nichtsehens,
aus dem Weltenschmerz
das Einssein mit jenem Dritten?
Oh, dies sind die Augenblicke des Lebens,
dies sind die Welten
von Lieben und Geliebtsein.
Niemals aber ist dort
nochmalige Berührung,
niemals aber auch ein

allgemeines Erbe,
denn im Bogen aus Ebenholz liegen die
Welten des Verzichtes…
Der Göttinnen Streit ist jenes Bild eines
Aufbaus alter Lieder und Orte…
An ihnen vollzieht sich das Leben,
in ihnen die Pracht
gewoben im Webstuhl
von Hoffnung und Zuversicht.

Einer trägt die wahlhafte Wirklichkeit,
denn jenes wirkt was endlich das Nähere
umschliesst…

In jener Berührung der Welten
lag die göttliche Wahl !
Im vorletzten Zeichen aber
trug die Sonne ihre Macht,
wirkend wurde Wandlung
und Wende in einer gleichen Nacht,
…dies waren die Häuser
aus Substanz und Wort.
Gleichsam aber gebährten
dem Schöpfenden Welten,
die Spiegel des einsamen Mondes,
und flüsternd nähern sich
die Weltens *eines* Gottes…

Viertes Bild:

Wie ein Fremder trieb ich
aus meiner Welt,
wie Wüstensand
über Beduinenhaut
wie das starke Wünschen
zwischen den lautlos Wollenden...

Dort wo die Wellen aus dem Duktus
Von silbernrötlichem Sand
in die Nacht tauchen,
wenn die Kamele
Schattengeflecht werden,
wenn die Öllampen trübe sprechen,
und alle im Kreise zwischen Farbendecken
sitzen, unbegrenzt in Worten bis
zur Endlosigkeit einer neuen Nacht...
Wenn Träume, Träume übersteigen,
sich unverwechselbar durchdringen,
eins um das andre, Neuheit sich im Na-
menszug neuer Wüstenwege prägt,
Abends, Geliebte, abends, aber verwischen
Die letzten milden
Spuren der Sanddecke.
Der Mond aber verziert,
verzeichnet den Himmel,
das Urbild alter verwunschener Äonen,

in den wartenden,
längst überträumten Augen
in der Umrahmung von Sternenmaß.

Aber Antwort?
In den Wüstenlagern,
wo seltsam jeder sich niederläßt,
die Weite Dich trägt,
immer und immer Horizont
und dies: Alle sanften Gegenströme
im wasserlosen Gemach
aus tausend Tagen,
entrechtet, ein Gast sind wir,
als Bekenntnis
das Wechseln unserer Farbenhaut,
wie Tupfer
aus einem längeren,
urlangen Zyklus...

Wann kehren wir wohlversehen zurück?
Im Bann der Übereinkunft
alter Hoffnung,
oder gar im Fluidum
eines Gedankens,
als Urheber eines Wüstenzaubers,
im Gesehenen, im Schweigen:
Stets sind wir Durchreisende,
in üppigen, zerlumpten Gewändern,

mit Ketten aus Sandstein,
mit mageren Kamelen,
suchend und stark,
mit vielfältigen Blicken,
halb Land, halb Traum,
doch eins immer: Sprache und Liebe.

Fünftes Bild:

Alles entflammt in den Momenten
tiefster Sprachen,
denn gesättigt in Nachreden,
gedrängt in den ersten Worten
aller Soubretten, in weißen Nächten,
üppig und konzentriert, sinds jene:
im Wirken des Gesangs
geübte Schutzbefohlene des Lebens.
Und wenn dieses, der Schwachheit
geistesmächtig, verpflichtend
sich nähert, wie Schwestern einander
spiegelnd umrunden,
dann läßt es sich zeugen,
jenes ungesagte Ebemaß...
Wesentlich aber rücken sie
einander näher,
an die Welten die sie ersinnen,
tragen in sich die Heimreise
in den Stimmen des Tages,
bei Nacht:
die unbeliebten Tränen,
hingelegt auf den Spuren
der Minutenfläche,
in den sanft in sich
versunkenen Tropfen
bedächtiger Stille und Einsamkeit...

Beides aber ist allen Engeln
zugleich vertraut:
Schwestersein im dissidierten
Distelfalterdasein und
Berauschtsein an den Lichtern einer
Stadt...
Wann fallen die Laute der Nacht,
die Wüstenhöcker aus
Sand und Träne?
Wann werden alle Wortreichen stumm
beklagt?
Und wer wird die Engel rühmen?
Alle Distelfalter sind einend der Farbe
entgangen im Innen,
Alsbald kommt jedes Engelsein
Gegenwärtig und still...

Warum bist du
aus allen Träumen gänzlich
entflohen, bist ungeblieben,
vollends aufgescheucht?
Wie von Stimmen umwirkt?
Wie von Wüstenaugen
durchdringend und bittend getränkt?
Denn alles was dort innen sich trug,
hier konturenhaft sich niederlegt
in den unzähligen Nächten,
sich lockert im untiefen Samen

von Sternsein.
Alle Lichter prägen dort die wohligen,
teils umstellten, wankenden Zeichen,
wirken im Anreiz des Schauens,
farbenhaft und silbern...
Sei Auge! Sei ganz umfasst!
Alles was bildend sich strebt,
lenkt tiefer sich selbst ins Abbild
alles Großen...

Über den Autor:

© Photo Privatarchiv Debra

Pascal Debra, 1978 in Luxemburg geboren, studierte Philosophie (speziell wissenschaftstheoretische Ansätze), Literaturwissenschaften und Linguistik an der Universität Trier und erwarb dort den Magister Artium Abschluss. Beschäftigt sich mit der Vielfalt von Weltanschauungen und philosophischen Konzepten.
War Lehrer für Philosophie und Ethik, unterrichtet aktuell in einer Privatschule.

Facebook: Pascal Debra

Weitere Schriften:

„Der Schachspieler" (2009)

„Die Reisszwecke in der Regenrinne" (2009)

„Die Evolution des Skorpions" (2017)

„Äonenfalter −Gedichte und Koans 2002-2006"
gebundene Jubiläumsauflage 2017

„Die Pathologie der Liebe" (2017)